Clasificación animal

Mamíferos

por Erica Donner

Bullfrog
Books

Ideas para padres y maestros

Bullfrog Books permite a los niños practicar la lectura de texto informacional desde el nivel principiante. Repeticiones, palabras conocidas y descripciones en las imágenes ayudan a los lectores principiantes.

Antes de leer

- Hablen acerca de las fotografías. ¿Qué representan para ellos?

- Consulten juntos el glosario de fotografías. Lean las palabras y hablen de ellas.

Durante la lectura

- Hojeen a través del libro y observen las fotografías. Deje que el niño haga preguntas. Muestre las descripciones en las imágenes.

- Lea el libro al niño, o deje que él o ella lo lea independientemente.

Después de leer

- Anime a que el niño piense más. Pregúntele: ¿Ya conocías algunas de estos mamíferos?

Bullfrog Books are published by Jump!
5357 Penn Avenue South
Minneapolis, MN 55419
www.jumplibrary.com

Library of Congress Cataloging-in-Publication Data

Names: Donner, Erica, author.
Title: Mamíferos / por Erica Donner.
Other titles: Mammals. Spanish
Description: Minneapolis, MN: Jump!, Inc., [2017]
Series: Clasificación animal
"Bullfrog Books are published by Jump!"
Audience: Ages 5-8. | Audience: K to grade 3.
Includes bibliographical references and index.
Identifiers: LCCN 2016044781 (print)
LCCN 2016045917 (ebook)
ISBN 9781620316399 (hard cover: alk. paper)
ISBN 9781620316450 (pbk.)
ISBN 9781624965296 (e-book)
Subjects: LCSH: Mammals—Juvenile literature.
Classification: LCC QL706.2 .D66418 2017 (print)
LCC QL706.2 (ebook) | DDC 599—dc23
LC record available at https://lccn.loc.gov/2016044781

Editor: Kirsten Chang
Book Designer: Molly Ballanger
Photo Researcher: Molly Ballanger
Translator: RAM Translations

Photo Credits: All photos by Shutterstock except: Getty, 12, 20–21; iStock, 7; Thinkstock, 10–11, 23br.

Printed in the United States of America at Corporate Graphics in North Mankato, Minnesota.

Tabla de contenido

Bebés peludos

¡Mira! ¿Qué es eso?

¡Una foca!

La foca es un mamífero.

Al igual que
los osos.

Las ballenas.

Los gatos.

¿Cómo son parecidos?

Tienen pelo o pelaje.

pelaje

Son de sangre caliente.

Producen su propio
calor corporal.

Pueden vivir
en lugares fríos.

La mayoría de los mamíferos nacen a través del parto.

No eclosionan de huevos.

Alimentan con leche a sus crías.

13

Tienen pulmones.
Respiran aire.

La mayoría
vive en la tierra.

Algunos viven
en el agua.

17

**Algunos son grandes.
El elefante es
un mamífero.**

elefante

Algunos son pequeños.

El ratón también es un mamífero.

ratón

19

¿Quién más es
un mamífero?

¡Tú!

¡Los mamíferos
son geniales!

¿Qué le hace ser un mamífero?

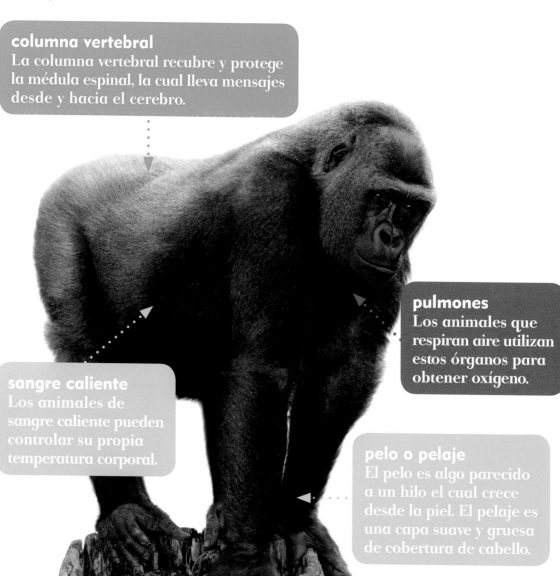

columna vertebral
La columna vertebral recubre y protege la médula espinal, la cual lleva mensajes desde y hacia el cerebro.

pulmones
Los animales que respiran aire utilizan estos órganos para obtener oxígeno.

sangre caliente
Los animales de sangre caliente pueden controlar su propia temperatura corporal.

pelo o pelaje
El pelo es algo parecido a un hilo el cual crece desde la piel. El pelaje es una capa suave y gruesa de cobertura de cabello.

Picture Glossary

elefante
Mamífero grande con una trompa y dos colmillos.

mamíferos
Animales de sangre caliente que tienen pelo o pelaje, respiran aire y dan a luz a sus crías.

leche
Liquido que los mamíferos hembra producen para alimentar a sus crías.

temperatura corporal
El calor necesario para que el cuerpo de un animal funcione apropiadamente.

Índice

Para aprender más

Aprender más es tan fácil como 1, 2, 3.

1) Visite www.factsurfer.com

2) Escriba "mamíferos" en la caja de búsqueda.

3) Haga clic en el botón "Surf" para obtener una lista de sitios web.

Con factsurfer.com, más información está a solo un clic de distancia.